VENTE

du Lundi 29 Décembre 1913

HOTEL DROUOT — SALLE N° 1

à 2 heures

Objets d'Art et d'Ameublement

ANCIENS ET MODERNES

MEUBLES EN MARQUETERIE

BRONZES -:- PORCELAINES

Objets de Vitrine

TABLEAUX ET GRAVURES

ANCIENS ET MODERNES

Bijoux ornés de Brillants et Pierres diverses

Tapis d'Orient et d'Aubusson

ÉTOFFES - FILETS

Me Hippolyte BONDU	M. Emile BERTIER
COMMISSAIRE-PRISEUR	EXPERT
32, Rue Le Peletier, 32	149, Avenue du Maine, 149

EXPOSITION PUBLIQUE

Le Dimanche 28 Décembre 1913, de 2 heures à 6 heures

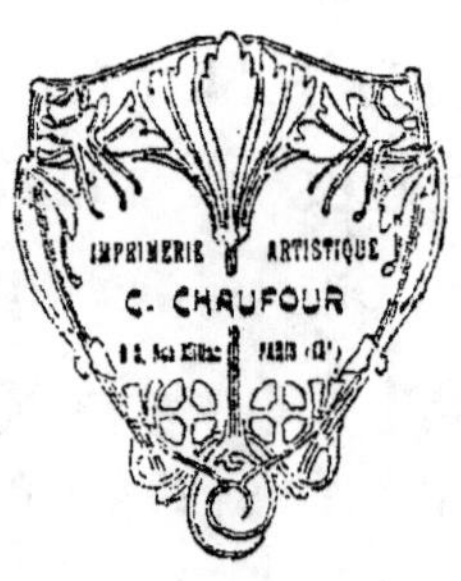

IMPRIMERIE   ARTISTIQUE
C. CHAUFOUR
PARIS

CATALOGUE

DES

OBJETS D'ART & D'AMEUBLEMENT

ANCIENS & MODERNES

Commodes, Chiffonnier en marqueterie Louis XV et Louis XVI
Bonheur du jour, Bureau bois de rose
Armoire chêne sculpté, Chaise longue et Sièges divers
Horloges, Pendule Empire

TABLEAUX

ECOLES ANGLAISE, FRANÇAISE & HOLLANDAISE

Gravures en noir et en couleur

BRONZES D'ART, PORCELAINES, FAIENCES

Biscuit, Objets de vitrine, Miniatures

Terre cuite de A. CARRIER-BELLEUSE

BIJOUX

Ornés de brillants et de pierres de couleur

TAPIS D'ORIENT ET D'AUBUSSON — ÉTOFFES ET FILETS

Objets divers

DONT LA VENTE AURA LIEU

HOTEL DROUOT — SALLE N° 1

Le Lundi 29 Décembre 1913

A DEUX HEURES

PAR LE MINISTÈRE DE :	ASSISTÉ DE :
Mᵉ Hippolyte BONDU	**M. Émile BERTIER**
COMMISSAIRE-PRISEUR	EXPERT
32, Rue Le Peletier, 32	*149, Avenue du Maine, 149*

CHEZ LESQUELS SE TROUVE LE CATALOGUE

EXPOSITION PUBLIQUE

Le Dimanche 28 Décembre 1913, de 2 heures à 6 heures

CONDITIONS DE LA VENTE

La vente sera faite au comptant.

Les acquéreurs paieront *dix pour cent* en sus des enchères.

DÉSIGNATION

GRAVURES ET TABLEAUX

1 — Deux gravures en noir, cadres dorés.

2 — Gravure en couleur : La Cocarde Nationale.

3 — Deux gravures en couleur : La Lettre et Le Compliment.

4 — Deux gravures en couleur : Ma Chemise brûle et La Soubrette officieuse.

5 — Deux gravures en couleur : L'Ecueil de la Sagesse et l'Indiscret.

6 — Deux gravures en couleur : L'Eventail cassé et L'Amant écouté.

7 — Deux gravures en couleur : La Savonneuse et La Jardinière.

8 — Gravure anglaise en couleur : A visit to the Grand mother.

9 — Gravure en couleurs d'après LAVRINCE : La Toilette.

10 — TABLEAU DE L'ECOLE ANGLAISE XVIIIe SIECLE : Portrait de jeune femme.

11 — ECOLE HOLLANDAISE. Soir d'Hiver, par SMISSAERT.

Exposition de la Haye, nᵒ 118.

12 — MURILLO (Attribué à). Saint Joseph instruisant l'Enfant Jésus.

13 — ECOLE FLAMANDE XVIe SIÈCLE. La Vierge et l'Enfant Jésus.

4 — ECOLE ESPAGNOLE. Le Christ sur la Croix, entouré des Saintes femmes.

14 bis — ECOLE ITALIENNE. Portrait de jeune femme.

15 — MIGNARD (Ecole de). Sujet allégorique :
Cléopâtre sous les traits de la marquise de
Feuquière détachant une perle pour la faire
fondre dans du vinaigre.

16 — ECOLE ESPAGNOLE. Portrait de Phi-
lippe II le Prudent, roi d'Espagne.

17 — Trois panneaux décoratifs en hauteur,
représentant des personnages dans un parc.

18 — ECOLE FLAMANDE. Le Christ sur la
Croix, au pied se tiennent les Saintes femmes.

19 — ECOLE FLAMANDE. Saint-Roch et son
chien.

20 — DURAND. Tableau représentant un paysage.

21 — Tableau représentant un autre paysage, for-
mant pendant.

22 — ECOLE HOLLANDAISE. Paysage.

23 — ECOLE ITALIENNE. Le Sommeil de
la Bacchante.

24 — ECOLE FRANÇAISE. Le Passage du pont,
Paysage.

BIJOUX

25 — Bague forme serpent en or, diamant sur la tête.

26 — Chaîne sautoir en or.

27 — Bague en or ornée de brillants et roses.

28 — Chaîne de montre en or.

29 — Bague en or ornée de cinq brillants et roses.

30 — Belle broche en or ornée de brillants et roses.

31 — Bague en or ornée de brillants.

32 — Chaîne de montre (homme) en or.

33 — Chaîne sautoir en or.

34 — Paire de pendants d'oreilles ornés de brillants et roses.

35 — Chaîne sautoir en or.

36 — Bague en or ornée d'un brillant.

37 — Chaînette en or ornée de roses.

38 — Bague en or ornée d'un brillant solitaire.

39 — Bague marquise or pavée de brillants.

40 — Bague marquise.

41 — Bague en or ornée de trois brillants.

42 — Bracelet en or orné de brillants et roses.

43 — Bague en or ornée de neuf brillants et deux
roses.

44 — Paire de boucles d'oreilles ornées de brillants.

45 — Bague en or ornée d'un brillant.

45 — Bracelet en or orné d'un saphir, brillants
et roses.

46 — Bague en or ornee de brillants et roses.

47 — Bourse en or ornée de perles et de roses.

48 — Bague en or ornée d'un brillant.

BRONZES

PORCELAINES, FAIENCES, TERRES CUITES
BISCUITS ET OBJETS DE VITRINE

49 — Pendule en biscuit Louis XVI.

50 — Bol et son couvercle en porcelaine de Chine
décorée de personnages.

51 — Douze plateaux en porcelaine bleue du
Japon.

52 — Deux tasses et soucoupes dépareillées en
faïence hollandaise.

53 — Six petits plateaux, déoor Saxe.

54 — Miniature : Comtesse Potocka.

55 — Douze tasses et onze soucoupes (service
d'enfant).

56 — Dix assiette plates en faïence de Delft
bleue.

57 — Deux assiettes creuses en porcelaine du
Japon, beau décor bleu.

58 — Deux assiettes plates en porcelaine du
Japon, décor bleu.

59 — Un porte-bouquet en porcelaine, décor bleu.

60 — Trois porte-bouquets en faïence ornés d'écrevisses, crabes, etc.

61 — Neuf statuettes en terre cuite coloriée de la Chine.

Haut.: 0^m26.

62 — Miniature. Sujet galant : le Petit Jour.

63 — Deux flacons en grès, décor bleu en relief.

63 — Deux plats ovales en faïence de Niederwiller.

64 — Nécessaire de fumeur en cloisonné composé de quatre pièces.

65 — Madame de Lamballe. Plâtre.

66 — Tête de Vierge en terre cuite émaillée.

67 — Tableau allégorique peint et brodé.

68 — Petit meuble d'applique à abattant et dix tiroirs en marqueterie de paille. xviiie siècle.

69 — Buste en marbre blanc représentant une jeune bergère grecque.

70 — Miniature : le Christ de douleur.

71 — Six assiettes en porcelaine à décor bleu et
or.

72 — Triptyque en ivoire, à sujet représentant
Christophe Colomb.

73 — Sucrier en porcelaine allemande à décor de
fleurs.

74 — Pendule en porcelaine de Berlin avec son
socle.

75 — Deux vases à fleurs en cristal taillé.

76 — Cruche à eau en porcelaine de Saxe, à
décor de fleurs ; couvercle en étain.

77 — Garniture de cheminée en bois sculpté,
composé d'une pendule et de deux candé-
labres. Maison GUÉRET.

78 — Jardinière en porcelaine décorée. Signée
JACOB, PETIT.

79 — Pendule de style Louis XVI en biscuit à
sujet représentant Mercure.

80 — Boîte ronde ornée d'une miniature : Léda
et le cygne.

81 — Coupe et deux vases en porcelaine de
Chine ; monture bronze.

82 — Miniature : La comtesse de Barral.

83 — Étui en galuchat orné d'une miniature :
La Surprise au bain.

84 — Flaconnier en galuchat, garni de quatre
flacons et d'un entonnoir.

85 — Pendule surmontée d'un sujet en bronz :
représentant la Mort du chevalier.

86 — Crosse d'évêque en ivoire ornée de saints
personnages. Style roman.

87 — Groupe en ivoire représentant la Vierge et
l'Enfant sous une arcature, la Vierge cou-
ronnée par un ange.

88 — Buste de Conventionnel en terre cuite.

89 — Carnet de bal en galuchat garni de bronzes.

90 — Boîte à thé en porcelaine de Saxe, décor
de fleurs.

91 — Miniature : Scène d'intérieur. Époque de
la Révolution.

92 — Lampe à l'électricité en porcelaine de
Canton, monture bronze.

93 — Vase en porcelaine bleu céladon.

94 — Buste de femme en terre cuite. Signé
A. CARRIER BELLEUSE.

95 — Noix en ivoire sculptée à l'intérieur d'un
sujet historique.

96 — Gouache : Dame dans un parc caressant
un chien.

97 — E. TASSEL. Statuette en bronze : La Douleur, base en granit.

98 — Deux confituriers avec leurs assiettes en
cristal taillé.

99 -- Deux grands vases en faïence de Satzuma.

100 — Soupière en porcelaine de Saxe, à décor
de fleurs.

101 — Deux saladiers en cristal taillé.

102 — Deux sucriers en forme de vases avec
couvercles en cristal taillé.

103 — Jumelle de théâtre en nacre, monture
bronze

103 *bis* — Baigneuses de Falconet.
Haut. : 0^m52. (Seront séparées).

MEUBLES

104 — Armoire Louis XIV à deux portes et deux tiroirs, en chêne sculpté.

105 — Table Louis XIII en ébène incrustée d'ivoire.

106 — Coffre à linge recouvert en velours et tapisserie.

107 — Fauteuil de bureau en cuir.

108 — Deux chaises style Louis XV laquées blanc.

109 — Quatre fauteuils espagnols garnis de cuir. XVIIe siècle.

110 — Deux glaces Louis XV en bois sculpté et doré.

111 — Deux torchères en bois sculpté et doré.

112 — Chiffonnier à six tiroirs en bois de rose et marqueterie.

113 — Commode Louis XV en bois de rose garnie d'entrées poignées et chutes en bronze ciselé et doré, dessus en marbre du Languedoc.

114 — Commode Louis XVI à cinq tiroirs, en marqueterie garnie de bronzes et surmontée d'un marbre Sainte-Anne.

115 — Trumeau de l'époque Louis XVI, bois peint en gris et décors dorés.

116 — Commode Louis XVI en acajou et filets en cuivre, dessus marbre entouré d'une galerie.

117 — Chaise-longue en trois partie en bois laqué gris recouverte en velours frappé. Style Louis XVI.

118 — Petit bureau dit bonheur-du-jour Louis XVI en acajou et filets.

119 — Horloge du xviiie siècle, gaîne en bois sculpté.

120 — Douze chandeliers anciens en bois sculpté.
Seront divisés.

121 — Baromètre-thermomètre Louis XVI, cadre en bois sculpté et doré.

122 — Six panneaux en tapisserie de style Louis XVI représentant sur fond or divers attributs allégoriques dans des arabesques.
Proviennent de la vente Vayson d'Abbeville.

123 — Horloge de style Empire en acajou garni de cuivres ciselés.

124 — Commode en marqueterie ornée de bronzes. Style Louis XVI. Dessus marbre rouge.

125 — Petite glace-psyché en laque.

126 — Table-poudreuse en bois de rose avec tiroir.

127 — Paravent à trois feuilles en bois sculpté et doré de style Louis XVI.

128 — Deux étagères Louis XVI en acajou.

129 — Fauteuil d'enfant en citronnier peint.

130 — Bureau Louis XV bois de rose et bronzes.

131 — Table-gigogne (quatre pièces) en laque à dessins dorés.

132 — Fauteuil de bureau Empire en acajou, à têtes et griffes de lion.

133 — Petite glace Louis XVI, cadre en bois sculpté et doré.

TAPIS D'ORIENT

ETOFFES ET FILETS

134 — Châle en cachemire de l'Inde.

135 — Tapis d'Aubusson. Epoque Directoire.

136 — Trois tentures en velours rouge brodé.

137 — Quatre dessus de lit, broderie et filets.
Seront divisés.

138 — Tapis de Perse (Ferahan), fond noir à dessins de palmettes et fleurs.

$3^m \times 2^m 65$.

139 — Grand tapis ancien d'Orient, orné de palmettes et fleurs de couleurs sur fond noir.

$4^m 60 \times 2^m 20$.

140 — Tapis de Perse (Sarabente) fond rouge.

$2^m 70 \times 2^m$.

141 — Tapis de Perse (Karabah) fond noir à dessins divers.

$4^m \times 2^m$.

142 — Tapis fond rouge, dessins à fleurs dans des réserves.

$2^m 85 \times 1^m 60$.

143 — Objets omis.